3 trois

l'ours

le maillot de bain

la palme

le poisson

l'eau

le sac à dos

la noix

l'écureuil

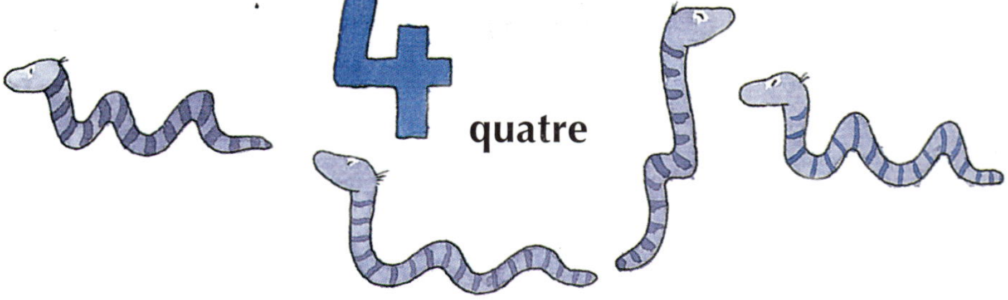

4 quatre

le calendrier

l'escargot

la tomate

la laitue

les étoiles

les petits radis

le feu de camp

5 cinq

Bibliografische Information Der Deutschen Bibliothek

Die Deutsche Bibliothek verzeichnet diese Publikation in der Deutschen Nationalbibliografie; detaillierte bibliografische Daten sind im Internet über http://dnb.ddb.de abrufbar.

5 4 3 2 1   07 06 05 04

Übersetzung ins Französische: Angela Wagner
Sprachliche Beratung: Céline Le Quellec
Redaktion: Heike John, Ina Schumacher
Umschlaggestaltung: Eva Schindler
Produktion: Detlef Schuller, Katja Walter
ISBN 3-7607-4811-2

www.arsedition.de

Französisch lernen mit Paul und Pauline

Idee: Leonora Fröhlich-Ward
Text: Britta Delbrück und Petra Moschner
Illustrationen: Annet Rudolph

arsEdition

An alle, die Spaß daran haben, Kinder früh mit einer Fremdsprache vertraut zu machen!

Dieses Buch ist für Kinder ab dem Alter von 4 Jahren geschrieben worden. In diesem Alter fällt es ihnen besonders leicht, Fremdsprachen allein durch Hören und durch Nachsprechen zu lernen. Durch lebendiges Vorlesen und die Einbeziehung der Bilder helfen Sie Ihrem Kind, die Abenteuer von Paul und Pauline mitzuerleben.

Dabei kommt es überhaupt nicht darauf an, dass Ihr Kind jedes Wort versteht.

Im Vordergrund steht vielmehr der spielerische, ganzheitliche Umgang mit Sprache. Wir haben deshalb Wert darauf gelegt, Begriffe aus der Alltagssprache zu verwenden. Freuen Sie sich über die Neugier und das Interesse, das Ihr Kind der neuen Sprache entgegenbringt!

Auf einigen Seiten werden die kleinen Zuhörer durch Fragen aktiv in die Geschichte mit einbezogen. Seien Sie nicht enttäuscht, wenn Ihr Kind zunächst nur in seiner Muttersprache antwortet. Das ist ganz natürlich. Mithilfe der beiliegenden CD haben die Kinder die Möglichkeit, sich die Geschichte immer wieder, auch allein, anzuhören. Durch das wiederholte Hören werden sie wie selbstverständlich Teile der Geschichte nach- und mitsprechen und sich ganz nebenbei noch mehr Vokabeln einprägen.

Viel Spaß beim Französischlernen mit Paul und Pauline!

Bonjour!
Je m'appelle Henri. Comment tu t'appelles?
Voilà mes amis. On s'amuse beaucoup ensemble.
Viens avec nous à la découverte de notre monde!

On fait du camping!

C'est un beau matin. Le soleil brille. Paul et Pauline prennent leur petit déjeuner.

Paul:	Qu'est-ce qu'on fait aujourd'hui?
Pauline:	On regarde la télé!
Paul:	Ah, non, c'est ennuyant!
Pauline:	On va à la piscine!
Paul:	Pas question! Je n'aime pas nager.
Pauline:	J'ai une bonne idée! On va faire du camping!
Paul:	Ah, oui, c'est super! On emmène Albert et Alphonse aussi.
Pauline:	Youpi!

Paul et Pauline préparent leurs affaires. Ils mettent beaucoup de choses dans les sacs à dos.

Albert: Où est le ballon?
Alphonse: Et où est mon sac de couchage?
Pauline: Je cherche la tente.
Paul: Et moi, je cherche mon coussin.

?

1. Qu'est-ce qu'il y a sur le canapé?
2. Qu'est-ce qu'il y a dans le sac à dos?
3. Où est le chameau?
4. Où est l'hippopotame?

Ils plantent la tente sur une pelouse. Ils on de la chance. Il y a un petit lac où ils peuvent nager et pêcher.

Pauline: Paul, viens dans la tente et joue avec nous!
Paul: D'accord! Oh, salut Henri! Qu'est-ce que tu fais ici?
Henri: Moi aussi, j'aime bien faire du camping. On fait un pique-nique?
Paul: Bonne idée! Mais il faut ranger les affaires d'abord. Tu peux nous aider?

?

1. Montre-moi les chaussettes!
2. Tu vois le ballon?
3. Où sont les lunettes de soleil?
4. Et où est la crème solaire?

Oh là là. Maintenant les amis ont vraiment faim. Il est temps pour le pique-nique.

Albert: Henri, tu aimes le fromage?
Henri: Non, je n'aime pas le fromage. J'aime bien la pomme.
Alphonse: Paul, tu me passes le sandwich et les deux tomates, s'il te plaît?
Paul: Voilà. Oh, tu vois l'abeille?
Pauline: Ha, ha – je crois qu'elle aime bien la pomme.

Qu'est-ce que **tu** aimes bien manger?

?

1. Tu aimes le chocolat?
2. Tu aimes mieux le lait ou la limonade?
3. Tu aimes mieux la confiture ou le miel?
4. Tu aimes les tomates?

Paul: Regarde Henri, qu'est-ce qu'il fait?
Pauline: Il a trouvé quelque chose.
Henri: Venez voir!

Quelle surprise! Voilà un joli terrain de minigolf.

Henri: Regardez! Allez, on va faire une partie de minigolf!
Pauline: D'accord, qui commence?

Pauline et Henri jouent au minigolf. Paul, Albert et Alphonse ne veulent pas jouer. Ils vont à la pêche.

Pauline: Un... deux... trois...! Hourra, la balle est dans le trou.
Henri: Bien! Maintenant, c'est à moi! Un... deux... trois... quatre... oooops! Où est la balle?
Pauline: Regarde! Elle est là, dans l'eau.

Paul, Albert et Alphonse attendent pour pêcher un poisson. Ils ne voient pas la balle dans l'eau.

Pauline: Hé, Paul, tu peux nous aider?
Paul: Qu'est-ce qu'il y a?
Alphonse: Regarde, il y a une balle dans l'eau.
Paul: Ah je vois, on va essayer de l'attraper.

Finalement, ils ont pêché une balle et un poisson.

? Combien de balles est-ce que tu peux trouver?

Le soir, Paul, Pauline et Henri sont assis autour d'un feu de camp. Le poisson grille dans la poêle.

Henri: Quelle belle journée aujourd'hui!
Pauline: Oui, c'est vrai! Pourquoi tu rigoles, Paul?
Paul: Tu m'as vue tomber dans l'eau?
Pauline: Oui, c'était très rigolo. Mais maintenant, j'ai faim. Je veux manger le poisson.
Paul: Où sont Albert et Alphonse?
Henri: Ils sont fatigués.
Pauline: Ah, oui, regarde! Ils dorment déjà.

Maintenant, les amis sont fatigués aussi. Tu les vois? Ils sont couchés dans leurs sacs de couchage.

Henri: Quelle bonne idée de faire du camping.
Paul: Oui, vraiment!
Pauline: Demain, je voudrais nager dans le lac.
Henri: Moi aussi!
Pauline: Et après, on joue au ballon.
Paul: Super! Ouaaah! Bonne nuit tout le monde.
Pauline: Bonne nuit, Paul!

Une visite chez Henri le Hérisson

C'est vendredi matin. Paul et Albert veulent aller voir Henri le Hérisson. Il est malade.

Pauline: Voilà une lettre pour Henri.
Alphonse: Et prends quelques noix pour lui.
Il aime bien les noix.
Paul: Je mets des pommes et du miel dans mon sac à dos.
Arrête de manger, Albert, on va partir.
Albert: Je prends le parapluie. Il pleut aujourd'hui.
Pauline: Soyez prudents! Il y a beaucoup de vent aussi.
Albert: Youpi! J'aime bien le vent!
Paul: Salut!

Regarde! Le vent est très fort! Albert et Paul se sont envolés.

Albert: Tu vois le marché?
Paul: Oui, les ours et les stands sont si petits.

? Qu'est-ce que tu fais un jour de pluie?

Tout d'un coup, le vent s'est calmé.

Albert: Hou. Je vole comme un oiseau.
Paul: Oh, je vole comme un ours. Et les ours ne peuvent pas voler.
Albert: Oh, regarde, tu perds toutes les pommes.

Paul et Albert atterrissent sur le sol. Quelle surprise! Ils sont devant la maison de Henri le Hérisson. Il habite sous les feuilles. Mais où est-il?

Henri regarde ce qui s'est passé.

Henri: Salut! Qui est couché sur ma maison?
Paul: Excuse-moi, Henri! C'est moi, Paul. Albert et moi sommes là pour te rendre visite. Comment vas-tu?
Henri: Oh, ça va, merci, je me sens mieux maintenant.
Albert: On t'emmène des pommes, des noix et du miel. Voilà!
Henri: Mmmm! Délicieux!

Ils passent un bon après-midi ensemble. Maintenant, il est temps de rentrer à la maison.

Henri: Il est tard. Je suis fatigué. Je voudrais me coucher.
Paul: Oui, bien sûr. Pauline et Alphonse nous attendent.
Henri: Prends cette lettre pour Pauline. Merci pour votre visite.
Paul: De rien. Au revoir, Henri, et bon rétablissement!
Henri: Au revoir, Paul et Albert.
Albert: Paul, je suis trop fatigué pour marcher.
Paul: D'accord. Saute dans mon sac à dos. Je te porte.

?

1. Où sont Albert et Paul?
2. Où est l'escargot?
3. Que mange l'escargot?
4. Où est l'écureuil?

Il pleut de nouveau. Pauline et Alphonse attendent le retour de Paul et de Albert.

Pauline: Entrez!
Paul: Salut, Pauline. Hou, j'ai froid. Voilà une lettre de Henri pour toi. Il va mieux maintenant.
Pauline: C'est une bonne nouvelle.
Albert: Salut Alphonse, qu'est-ce que tu as fait cet après-midi?
Alphonse: Regarde, j'ai dessiné une girafe. Elle te plaît?
Albert: Oui, elle est rigolote.
Paul: J'ai si froid. On va prendre un bain, Albert!
Albert: D'accord, et on joue aux pirates.

Fais attention, Paul!

Ce matin, Paul et Pauline se sont réveillés tôt. Ils jouent ensemble. Tout le monde est très excité. Tu peux deviner pourquoi?

Pauline: Oh, regarde, Paul! Il neige et neige. Tout est blanc.
Paul: Mon coussin neige aussi!

Alphonse: Dépêchez-vous! Je veux aller dehors!
Albert: Ah, non, il fait trop froid.
Pauline: Sors de la caisse à jouets. Habille-toi!
Paul: Où est mon pantalon? Où est mon écharpe?

Est-ce que tu peux aider Paul?

?

1. Où est son pantalon vert?
2. Où est son écharpe verte?
3. Où est son pull-over bleu?

Pauline, Albert et Alphonse s'amusent beaucoup. Ils font un bonhomme de neige.
Mais regarde Paul, qu'est-ce qu'il fait? Il veut faire du ski. Est-ce qu'il s'amuse aussi? Non, parce qu'il ne peut plus s'arrêter. Il a un problème.

Paul: Au secours! Je ne peux plus m'arrêter!

Pauline:	Regarde, il est tombé.
Alphonse:	Ne bouge pas. On va t'aider.
Paul:	Aïe, ma jambe me fait mal.
Pauline:	Assieds-toi sur la luge. On va faire un bandage pour ta jambe, et puis je te tire jusqu'à la maison.
Alphonse:	Attends, Pauline, je vais t'aider.
Albert:	Super, un tour sur la luge!

?

1. Qui porte l'écharpe verte?
2. Qui porte l'écharpe violette?
3. Qui porte l'écharpe jaune?
4. Qui porte l'écharpe rouge et jaune?

L'après-midi, ils restent tous à la maison. La jambe de Paul va mieux maintenant. Elle ne fait plus mal.

Alphonse: Qui veut une tasse de thé?
Pauline: On veut tous une tasse de thé. Il a fait si froid dehors.
Alphonse: Voilà, c'est pour vous, Paul et Pauline.
Paul: Merci, Alphonse. Mmmm, ça fait du bien.
Pauline: Paul, passe-moi le ruban, s'il te plaît. Je vais faire une surprise pour toi.

Alphonse: Tu aimes mon dessin? Regarde, c'est un gros chat noir.
Paul: Il me plaît beaucoup. Tu es un vrai artiste!
Alphonse: Je te le donne!
Paul: Tu es mon meilleur ami. Merci beaucoup!

Pendant le reste de l'après-midi, ils sont assis au coin du feu et parlent et jouent ensemble.

? Où est la petite souris?

Préparations de Pâques

Un beau matin, les amis jouent et travaillent dans le jardin de Louis le Lapin.

? Est-ce que tu vois Louis?

Paul: Regarde, je sème des graines et le petit oiseau m'aide.
Pauline: Qu'est-ce que tu sèmes?
Paul: Je sème des carottes, des petits radis, de la laitue et des fleurs.
Alphonse: Mmmm, c'est bon, les petits radis!

Albert:	Que fait Louis? Pourquoi est-ce qu'il ne sort pas de sa maison? J'aimerais bien jouer avec lui.
Pauline:	Ah, mais tu ne le sais pas? Il est très occupé. C'est bientôt Pâques. Il peint des œufs.
Albert:	Ah, je comprends. On pourrait l'aider.
Paul:	Non, je ne crois pas. Il y a déjà son ami qui l'aide.
Albert:	D'accord. Donc, je vais l'attendre pour jouer.

Dans l'après-midi, les lapins sortent de leur maison.

Louis: Regardez, les œufs sont peints. Vous les trouvez jolis?

Alphonse: Oh, j'aimerais bien avoir l'œuf orange et l'oeuf jaune.

Louis: Je suis désolé, mais je ne peux pas te les donner. Mais tu peux nous aider à les cacher dans le jardin.

Pauline: Ah oui, quelle bonne idée! Je veux bien vous aider aussi. C'est rigolo.

Paul: On veut tous vous aider! On y va!

Tous les amis aident les lapins. Ils cherchent de bonnes cachettes pour les œufs. Où est-ce qu'ils les cachent?

?

1. Combien d'œufs est-ce que tu peux trouver?
2. Montre-moi l'œuf bleu!
3. Montre-moi l'œuf jaune!
4. Montre-moi l'œuf rouge!
5. Montre-moi l'œuf bleu avec les rayures blanches!
6. Tu trouves le petit oiseau?

Dans ce livre, tu as entendu beaucoup sur les aventures de Paul et Pauline et de leurs amis.
Est-ce que tu te rappelles quelques mots ou aventures?

Paul: Regardez, le soleil brille.

Pauline: J'ai beaucoup aimé coucher dans la tente.

Paul: Vous vous rappellez notre visite chez Henri le Hérisson?

Henri: Paul, est-ce que ta jambe va mieux maintenant?

Réponses

page 9
1. Il y a un coussin.
2. Il y a un petit oiseau.
3. Le chameau est sur le tableau accroché au mur.
4. L'hippopotame est sur le pullover de Pauline.

page 10
1. Une chaussette est accrochée sur la corde à linge. L'autre chaussette est sur la pelouse.
2. Le ballon est derrière la tente.
3. Les lunettes de soleil sont sur le tapis de sol.
4. La crème solaire est dans le sac à dos.

page 11
1. Oui, j'aime le chocolat. / Non, je n'aime pas le chocolat.
2. J'aime mieux le lait. / J'aime mieux la limonade.
3. J'aime mieux la confiture. / J'aime mieux le miel.
4. Oui, j'aime les tomates. / Non, je n'aime pas les tomates.

page 13
Il y a quatre balles sur les deux pages: une balle à gauche et trois balles à droite.

page 20
1. Albert et Paul sont à droite de la page.
2. L'escargot est à gauche de la page.
3. L'escargot mange une pomme.
4. L'écureuil est à côté d'une pomme.

page 23
1. Le pantalon vert est sous le lit.
2. L'écharpe verte est dans l'armoire.
3. Le pull-over bleu est dans l'armoire aussi.

page 25
1. Paul porte l'écharpe verte.
2. Pauline porte l'écharpe violette.
3. Albert porte l'écharpe jaune.
4. Alphonse porte l'écharpe rouge et jaune.

page 27
La petite souris regarde par la fenêtre.

page 28
Louis le Lapin est dans sa maison.

page 31
1. Il y a quinze œufs: huit œufs sur la page de gauche et sept œufs sur la page de droite.
2. L'œuf bleu est dans la corbeille sur la page de droite.
3. L'œuf jaune est à côté de l'arbre sur la page de droite.
4. L'œuf rouge est à côté de Paul.
5. L'œuf bleu avec les rayures blanches est entre la laitue et les petits radis.
6. Le petit oiseau est dans la maison de Louis.

Antworten

Seite 9
1. Dort liegt ein Kissen.
2. Da liegt ein kleiner Vogel.
3. Das Kamel ist auf dem Bild, das an der Wand hängt.
4. Das Nilpferd ist auf Paulines Pullover.

Seite 10
1. Eine Socke hängt auf der Wäscheleine. Die andere Socke ist auf der Wiese.
2. Der Ball ist hinter dem Zelt.
3. Die Sonnenbrille liegt auf der Isomatte.
4. Die Sonnencreme ist im Rucksack.

Seite 11
1. Ja, ich mag Schokolade. / Nein, ich mag keine Schokolade.
2. Ich mag lieber Milch. / Ich mag lieber Limonade.
3. Ich mag lieber Marmelade. / Ich mag lieber Honig.
4. Ja, ich mag Tomaten. / Nein, ich mag keine Tomaten.

Seite 13
Es gibt vier Bälle auf den zwei Seiten: ein Ball auf der linken und drei Bälle auf der rechten.

Seite 20
1. Albert und Paul sind auf der rechten Seite.
2. Die Schnecke ist auf der linken Seite.
3. Die Schnecke frisst einen Apfel.
4. Das Eichhörnchen ist neben einem Apfel.

Seite 23
1. Die grüne Hose ist unter dem Bett.
2. Der grüne Schal ist im Schrank.
3. Der blaue Pullover ist auch im Schrank.

Seite 25
1. Paul trägt den grünen Schal.
2. Pauline trägt den lila Schal.
3. Albert trägt den gelben Schal.
4. Alphonse trägt den rot-gelben Schal.

Seite 27
Die kleine Maus schaut durchs Fenster.

Seite 28
Louis der Hase ist in seinem Haus.

Seite 31
1. Es gibt fünfzehn Eier: acht Eier auf der linken Seite und sieben Eier auf der rechten Seite.
2. Das blaue Ei ist in dem Korb auf der rechten Seite.
3. Das gelbe Ei liegt am Baum auf der rechten Seite.
4. Das rote Ei liegt neben Paul.
5. Das blaue Ei mit dem weißen Streifen liegt zwischen dem Salat und den Radieschen.
6. Der kleine Vogel ist in Louis' Haus.

Übersetzungen

Seite 7
Guten Tag!
Ich heiße Henri. Wie heißt du?
Das sind meine Freunde. Wir haben viel Spaß zusammen.
Komm mit uns auf Entdeckungsreise durch unsere Welt!

Seite 8
Wir gehen zelten!

Es ist ein schöner Morgen. Die Sonne scheint. Paul und Pauline frühstücken.

Paul:	Was machen wir heute?
Pauline:	Lass uns fernsehen!
Paul:	Oh, nein! Das ist langweilig!
Pauline:	Lass uns ins Schwimmbad gehen!
Paul:	Kommt nicht infrage! Ich mag nicht schwimmen.
Pauline:	Ich habe eine gute Idee! Lass uns zelten gehen.
Paul:	Oh, ja! Das ist großartig! Wir nehmen Albert und Alphonse auch mit!
Pauline:	Hurra!

Seite 9
Paul und Pauline packen ihre Sachen. Sie legen viele Dinge in ihre Rucksäcke.

Albert:	Wo ist der Ball?
Alphonse:	Und wo ist mein Schlafsack?
Pauline:	Ich suche das Zelt.
Paul:	Und ich suche mein Kissen.

1. Was ist da auf dem Sofa?
2. Was ist da im Rucksack?
3. Wo ist das Kamel?
4. Wo ist das Nilpferd?

Seite 10
Sie bauen das Zelt auf einer Wiese auf. Sie haben Glück! Da ist ein kleiner See, wo sie schwimmen und angeln können.

Pauline:	Hey, Paul, komm ins Zelt und spiel mit uns!
Paul:	Okay! Oh, hallo Henri! Was machst du hier?
Henri:	Ich mag auch gern zelten! Wollen wir ein Picknick machen?
Paul:	Gute Idee! Aber erst müssen wir aufräumen. Kannst du uns helfen?

1. Zeig mir die Socken.
2. Siehst du den Ball?
3. Wo ist die Sonnenbrille?
4. Und wo ist die Sonnencreme?

Seite 11
Puuh, jetzt haben die Freunde wirklich Hunger. Es ist Zeit für ein Picknick.

Albert:	Henri, magst du Käse?
Henri:	Nein, ich mag keinen Käse. Ich mag den Apfel.
Alphonse:	Paul, gibst du mir bitte das belegte Brot und die zwei Tomaten herüber?
Paul:	Hier. Oh, siehst du die Biene?
Pauline:	Ha, ha – ich glaube, sie mag den Apfel.

Was isst du gerne?

1. Magst du Schokolade?
2. Magst du lieber Milch oder Limonade?
3. Magst du lieber Marmelade oder Honig?
4. Magst du Tomaten?

Paul:	Schau, was macht Henri denn da?
Pauline:	Er sucht etwas.
Henri:	Kommt und seht euch das mal an!

Seite 12
Was für eine Überraschung! Da ist ein schöner Minigolfplatz.

Henri: Schaut mal! Los, lasst uns eine Runde Minigolf spielen.
Pauline: Okay, wer fängt an?

Pauline und Henri spielen Minigolf. Paul, Albert und Alphonse möchten nicht spielen. Sie angeln im See.

Pauline: Eins ... zwei ... drei ...! Hurra, der Ball ist im Loch!
Henri: Gut! Jetzt bin ich dran! Eins ... zwei ... drei ... vier ... uuups! Wo ist der Ball?
Pauline: Schau! Er ist da hinten, im Wasser.

Seite 13
Paul, Albert und Alphonse warten darauf, einen Fisch zu fangen. Sie sehen den Ball im Wasser nicht.

Pauline: Hey, Paul, kannst du uns helfen?
Paul: Was ist passiert?
Alphonse: Schau mal! Da ist ein Ball im Wasser!
Paul: Ah, ich verstehe, wir versuchen ihn zu holen.

Am Ende haben sie einen Ball und einen Fisch geangelt.

Wie viele Bälle kannst du finden?

Seite 14
Am Abend sitzen Paul, Pauline und Henri um ein Lagerfeuer. Der Fisch brutzelt in der Pfanne.

Henri: Was für ein schöner Tag heute!
Pauline: Ja, das stimmt. Warum lachst du, Paul?
Paul: Hast du gesehen, wie ich ins Wasser gefallen bin?
Pauline: Ja, das war wirklich lustig. Aber jetzt habe ich Hunger. Ich möchte den Fisch essen.
Paul: Wo sind Albert und Alphonse?
Henri: Sie sind müde.
Pauline: Oh ja, schau mal! Sie schlafen schon.

Seite 15
Nun sind die Freunde auch müde. Siehst du sie? Sie liegen in ihren Schlafsäcken.

Henri: Was für eine gute Idee, zelten zu gehen.
Paul: Ja, wirklich!
Pauline: Morgen möchte ich gern im See schwimmen.
Henri: Ich auch!
Pauline: Und nachher können wir Ball spielen.
Paul: Super! Huuuah! Gute Nacht, alle zusammen.
Pauline: Gute Nacht, Paul!

Seite 16
Ein Besuch bei Henri, dem Igel

Es ist Freitagmorgen. Paul und Albert wollen Henri, den Igel, besuchen. Er ist krank.

Pauline: Hier ist ein Brief für Henri.
Alphonse: Und nehmt ein paar Nüsse für ihn mit. Er mag gern Nüsse.
Paul: Ich packe Äpfel und Honig in meinen Rucksack. Hör auf zu essen, Albert, wir wollen gehen.
Albert: Ich nehme einen Regenschirm mit. Es regnet heute.
Pauline: Seid vorsichtig. Es ist auch stürmisch.
Albert: Hurra! Ich mag den Wind, uiiiiiiiii!
Paul: Tschüs!

Seite 17
Schau! Der Wind ist sehr stark! Albert und Paul sind in die Luft geflogen.

Albert: Siehst du den Markt?
Paul: Ja, die Bären und die Marktstände sind so klein.

Was machst du an einem Regentag?

Seite 18
Plötzlich hat der Wind sich gelegt.

Albert: Uiii. Ich fliege wie ein Vogel.
Paul: Uchh, ich fliege wie ein Bär. Und Bären können nicht fliegen.
Albert: Oh, schau, du verlierst alle Äpfel.

Paul und Albert landen auf dem Boden. Was für eine Überraschung! Sie stehen vor dem Haus von Henri, dem Igel. Er wohnt unter den Blättern. Aber wo ist er?

Seite 19
Henri schaut, was passiert ist.

Henri: Hallo! Wer liegt da auf meinem Haus?
Paul: Entschuldige, Henri! Ich bin es, Paul! Albert und ich sind hier, um dich zu besuchen. Wie geht es dir?
Henri: Oh, es geht, danke, ich fühle mich jetzt besser.
Albert: Wir haben Äpfel, Nüsse und Honig für dich mitgebracht. Hier!
Henri: Mmmhh! Lecker!

Seite 20
Sie verbringen einen schönen Nachmittag zusammen. Jetzt ist es Zeit, nach Hause zu gehen.

Henri: Es ist spät. Ich bin müde. Ich möchte ins Bett gehen.
Paul: Ja, natürlich. Pauline und Alphonse warten auf uns.
Henri: Nehmt diesen Brief für Pauline mit. Vielen Dank für euren Besuch.
Paul: Gern geschehen! Auf Wiedersehen, Henri, und gute Besserung!
Henri: Auf Wiedersehen, Paul und Albert.
Albert: Paul, ich bin zu müde zum Laufen.
Paul: Na gut. Spring in meinen Rucksack. Ich trage dich.

1. Wo sind Albert und Paul!
2. Wo ist die Schnecke?
3. Was frisst die Schnecke?
4. Wo ist das Eichhörnchen?

Seite 21
Es regnet wieder. Pauline und Alphonse warten auf Pauls und Alberts Rückkehr.

Pauline: Kommt herein!
Paul: Hallo, Pauline! Uiii, mir ist kalt. Hier ist ein Brief von Henri für dich. Es geht ihm jetzt besser.
Pauline: Das ist eine gute Neuigkeit.
Albert: Hallo, Alphonse, was hast du heute Nachmittag gemacht?
Alphonse: Schau, ich hab eine Giraffe gezeichnet. Gefällt sie dir?
Albert: Ja, sie sieht lustig aus!
Paul: Mir ist so kalt. Lass uns ein Bad nehmen, Albert!
Albert: In Ordnung, und dann spielen wir Piraten.

Seite 22
Sei vorsichtig, Paul!

An diesem Morgen sind Paul und Pauline früh aufgewacht. Sie spielen zusammen. Alle sind so aufgeregt! Kannst du erraten, warum?

Pauline: Oh, schau, Paul! Es schneit und schneit. Alles ist weiß.
Paul: Mein Kissen schneit auch!

Seite 23

Alphonse: Beeilt euch! Ich möchte nach draußen gehen!
Albert: Oh nein, es ist zu kalt.
Pauline: Komm aus deiner Spielzeugkiste raus! Zieh dich an!
Paul: Wo ist meine Hose? Wo ist mein Schal?

Kannst du Paul helfen?

1. Wo ist seine grüne Hose?
2. Wo ist sein grüner Schal?
3. Wo ist sein blauer Pullover?

Seite 24

Pauline, Albert und Alphonse haben Spaß. Sie bauen einen Schneemann.
Aber schau Paul an, was macht er? Er will Ski fahren. Hat er auch Spaß? Nein, denn er kann nicht bremsen. Er hat ein Problem.

Paul: Hilfe! Ich kann nicht mehr bremsen!

Seite 25

Pauline: Schau, er ist hingefallen!
Alphonse: Beweg dich nicht. Wir werden dir helfen!
Paul: Au, mein Bein tut weh!
Pauline: Setz dich auf den Schlitten! Wir verbinden dein Bein und dann ziehe ich dich nach Hause.
Alphonse: Warte, Pauline, ich werde dir helfen.
Albert: Super, so eine Schlittenfahrt!

1. Wer trägt den grünen Schal?
2. Wer trägt den lila Schal?
3. Wer trägt den gelben Schal?
4. Wer trägt den rot-gelben Schal?

Seite 26

Am Nachmittag bleiben sie alle zu Hause.
Pauls Bein geht es jetzt besser. Es tut nicht mehr weh.

Alphonse: Wer möchte eine Tasse Tee?
Pauline: Wir möchten alle eine Tasse Tee. Es war so kalt draußen.
Alphonse: Hier ist er. Das ist für euch, Paul und Pauline.
Paul: Danke, Alphonse. Mmmhh, das tut gut.
Pauline: Paul, gib mir bitte ein Band. Ich werde eine Überraschung für dich machen.

Seite 27

Alphonse: Gefällt dir mein Bild? Schau, es ist eine dicke schwarze Katze.
Paul: Ich mag es sehr gern. Du bist ein echter Künstler.
Alphonse: Ich schenke es dir!
Paul: Du bist mein bester Freund. Vielen Dank!

Den Rest des Nachmittags sitzen sie vor dem Kamin und unterhalten sich und spielen zusammen.

Wo ist die kleine Maus?

Seite 28

Ostervorbereitungen

An einem sonnigen Morgen spielen und arbeiten die Freunde im Garten von Louis, dem Hasen.

Siehst du Louis?

Paul: Schau, ich säe Samen und der kleine Vogel hilft mir.
Pauline: Was säst du?
Paul: Ich säe Karotten, Radieschen, Salat und Blumen.
Alphonse: Mmmhh, Radieschen schmecken lecker!

Seite 29

Albert: Was macht Louis? Warum kommt er nicht aus seinem Haus? Ich möchte gerne mit ihm spielen.

Pauline: Oh, weißt du es nicht? Er ist sehr beschäftigt. Bald ist Ostern. Er bemalt Eier.

Albert: Ah, ich verstehe. Wir könnten ihm helfen.

Paul: Nein, ich glaube nicht. Sein Freund hilft ihm schon.

Albert: In Ordnung. Also werde ich warten, bis wir spielen können.

Seite 30

Am Nachmittag kommen die Hasen aus ihrem Haus.

Louis: Seht, die Eier sind fertig bemalt! Gefallen sie euch?

Alphonse: Oh, ich möchte gerne das orange und das gelbe Ei.

Louis: Es tut mir Leid, aber ich kann sie dir nicht geben. Aber du kannst uns helfen sie im Garten zu verstecken.

Pauline: Au ja. Was für eine gute Idee! Ich möchte euch auch helfen. Das ist lustig.

Paul: Wir wollen euch alle helfen! Lasst uns anfangen.

Seite 31

Alle Freunde helfen den Hasen. Sie suchen nach guten Verstecken für die Eier. Wo verstecken sie sie?

1. Wie viele Eier kannst du finden?
2. Zeig mir das blaue Ei!
3. Zeig mir das gelbe Ei!
4. Zeig mir das rote Ei!
5. Zeig mir das blaue Ei mit den weißen Streifen!
6. Findest du den kleinen Vogel?

Seite 32

In diesem Buch hast du eine Menge über die Abenteuer von Paul und Pauline und ihren Freunden gehört.
Erinnerst du dich an einige Wörter oder Abenteuer?

Paul: Seht, die Sonne scheint!

Pauline: Es hat mir sehr viel Spaß gemacht, im Zelt zu schlafen.

Seite 33

Paul: Erinnert ihr euch an unseren Besuch bei Henri, dem Igel?

Henri: Paul, geht es deinem Bein jetzt besser?

Wörterverzeichnis

A

à droite	rechts
à gauche	links
l'abeille (la)	die Biene
l'affaire (la)	das Ding, die Sache
aider	helfen
Aïe!	Aua!
aimer	mögen, genießen
aller mieux	besser gehen
aller, je vais	gehen, ich gehe
On y va!	Lasst uns gehen / anfangen!
Allez!	Kommt schon!
aller voir quelqu'un	jemanden besuchen
l'ami (le), les amis	der Freund, die Freunde
s'amuser	Spaß haben
l'anorak (la)	der Anorak, die Jacke
après	später
l'après-midi (le)	der Nachmittag
l'arbre (le)	der Baum
l'armoire (le)	der Schrank
s'arrêter	anhalten
l'artiste (le)	der Künstler
s'asseoir	sich setzen
attendre	warten
Attention!	Achtung!
faire attention	vorsichtig sein
atterrir	landen
attraper	fangen
Au revoir!	Auf Wiedersehen!
aujourd'hui	heute
aussi	auch
autour	um, herum
avec	mit
l'aventure (la)	das Abenteuer
avoir	haben

B

la balançoire	die Schaukel
la balle	der (kleine) Ball
le ballon	der (große) Ball
jouer au ballon	Ball spielen
le bandeau	das Stirnband
le bâton	der Stock
le bâton de ski	der Skistock
beaucoup	sehr, sehr viel
la bêche	der Spaten
le beurre	die Butter
bien	gut
bien sûr	natürlich, selbstverständlich
bientôt	bald
blanc, blanche	weiß
bleu	blau
la boîte	die Dose
la boîte de couleurs	der Farbkasten
le bol	die Schale, die Schüssel
Bon rétablissement!	Gute Besserung!
bon, bonne	gut
le bonhomme de neige	der Schneemann
Bonjour!	Guten Morgen! Guten Tag!
Bonne nuit!	Gute Nacht!
le bonnet	die Mütze
la botte	der Stiefel
bouger	bewegen
la branche	der Ast, der Zweig
le bras	der Arm
briller	scheinen
le buisson	der Busch

C

C'est à moi!	Ich bin dran!
cacher, se	verstecken
la cachette	das Versteck
la caisse	die Kiste
la caisse à jouets	die Spielzeugkiste
le calendrier	der Kalender
se calmer	sich beruhigen, sich legen (Wind)
le canapé	das Sofa
la caune à pêche	die Angel
la carotte	die Möhre, die Karotte
ce, cet, cette	dieser, diese
la ceinture	der Gürtel
la chaise	der Stuhl
le chameau	das Kamel
le chat	die Katze
la chaussette	die Socke
les chaussons	die Hausschuhe
la chaussure	der Schuh
chercher	suchen
chez	bei
le chocolat	die Schokolade

la chose	die Sache, das Ding
le ciel	der Himmel
cinq	fünf
les ciseaux	die Schere
le citron	die Zitrone
la clôture	der Zaun
le clou	der Nagel
combien	wie viel, wie viele
commencer	anfangen
Comment tu t'appelles?	Wie heißt du?
comprendre	verstehen
la confiture	die Marmelade
la corbeille	der Korb
la corde à linge	die Wäscheleine
coucher, se	schlafen gehen, sich hinlegen
le coussin	das Kissen
le couteau	das Messer
la crème solaire	die Sonnencreme
croire, je crois	glauben, ich glaube
la cuillère	der Löffel

D

d'accord	einverstanden
De rien!	Gern geschehen!
la découverte	die Entdeckung
dehors	draußen
déjà	schon
délicieux	lecker
demain	morgen
dépêcher, se	sich beeilen
derrière	hinter
le dessin	das Bild
dessiner	zeichnen, malen
deux	zwei
devant	vor
deviner	raten, erraten
dix	zehn
le doigt	der Finger
donc	also
donner	geben
dormir	schlafen

E

l'eau (la)	das Wasser
l'écharpe (le)	der Schal
l'échelle (la)	die Leiter
l'écureuil (le)	das Eichhörnchen
l'église (la)	die Kirche
emmener, j'emmène ...	mitnehmen, ich nehme ... mit
ennuyant	langweilig
ensemble	zusammen
entendre	hören
entrer, j'entre	hereinkommen, ich komme herein
s'envoler	wegfliegen
l'escargot (le)	die Schnecke
essayer	versuchen, probieren
est	ist
être	sein
et	und
l'étoile (la)	der Stern
être assis au coin du feu	am Kamin sitzen
être assis, e	sitzen
être couché	liegen
eux	ihnen
excité, e	aufgeregt

F

la faim, avoir faim	der Hunger, Hunger haben
faire	machen, tun
faire du bien	gut tun
faire du camping	campen
faire mal	wehtun, schmerzen
faire un bandage	verbinden
faire un tour sur la luge	eine Runde Schlitten fahren
fatigué, e	müde
la fenêtre	das Fenster
le feu	das Feuer
le feu de camp	das Lagerfeuer
la feuille	das Blatt
la fille	das Mädchen
finalement	am Ende, zum Schluss
la fleur	die Blume
le flocon de neige	die Schneeflocke
fort	stark
la fourchette	die Gabel
froid, avoir froid	kalt, frieren
le fromage	der Käse
le fruit, les fruits	die Frucht, das Obst

G

le gant	der Handschuh
le garçon	der Junge
la girafe	die Giraffe
les graines	die Samen
grand	groß
griller	braten, brutzeln
gros, grosse	dick

H

s'habiller	sich anziehen
habiter	wohnen, leben
le hamac	die Hängematte
le haricot	die Bohne
l'herbe (la)	das Gras
le hérisson	der Igel
heureux, se	glücklich
l'hippopotame (le)	das Nilpferd
hourra	hurra
huit	acht

I

ici	hier
l'idée (la)	die Idee
Il est temps ...	Es ist Zeit ...
Il pleut.	Es regnet.
Il y a beaucoup de vent.	Es ist stürmisch.
ils	sie (Mehrzahl)
inviter	einladen

J

la jambe	das Bein
le jardin	der Garten
jaune	gelb
Je ne veux pas ...	Ich möchte nicht ...
Je suis désolé!	Tut mir Leid!
je voudrais	ich würde
joli, jolie	nett, schön
jouer	spielen
le jour, la journée	der Tag
un jour de pluie	ein Regentag

L

là	da, dort
le lac	der See
laisser	lassen
le lait	die Milch
la laitue	der Blattsalat
le lapin	der Hase
le, la, l', les	der, die, das, die
la lettre	der Brief
leur	ihr(-e)
la limonade	die Limonade
le lion	der Löwe
le lit	das Bett
le livre	das Buch
la luge	der Schlitten
lui	ihm, ihn
la lune	der Mond
les lunettes de plongée	die Taucherbrille
les lunettes de soleil	die Sonnenbrille

M

le maillot de bain	der Badeanzug
la main	die Hand
maintenant	nun, jetzt
la maison,	das Haus,
à la maison	zu Hause
malade	krank
manger	essen
le marché	der Markt
le matin	der Morgen
meilleur, e	bester, beste
merci beaucoup	vielen Dank
le miel	der Honig
mieux	besser, lieber
moi	mich, mir ich (betont)
mon	mein(-e, -er)
le monde	die Welt
montrer	zeigen
le mot	das Wort

N

nager	schwimmen
ne ... plus	nicht mehr
neiger	schneien
neuf	neun
le nez	die Nase
le nid	das Nest
la noix	die Nuss
le nom	der Name
non	nein
notre	unser, unsere
nous	wir, uns
la nouvelle	die Neuigkeit

le nuage	die Wolke
la nuit	die Nacht

O

occupé	beschäftigt
l'œil (le), les yeux	das Auge, die Augen
l'œuf (le)	das Ei
l'œuf de pâques (le)	das Osterei
l'oiseau (le)	der Vogel
où	wo
oui	ja
l'ours (le)	der Bär
l'ours blanc (le)	der Eisbär

P

la page	die Seite
la palme	die Schwimmflosse
le pantalon	die Hose
Pâques	Ostern
le parapluie	der Regenschirm
parce que	weil
parler	sprechen, sich unterhalten
Pas question!	Auf keinen Fall!
passer	geben, verbringen
passer, se	passieren, geschehen
pêcher	angeln, fischen
peindre	malen, bemalen
Il peint des œufs.	Er bemalt Eier.
la pelouse	die Wiese
perdre, je perds	verlieren, ich verliere
petit	klein
le petit déjeuner, prendre le petit déjeuner	das Frühstück, frühstücken
le pied	der Fuß
la pierre	der Stein
le pinceau	der Pinsel
le pique-nique	das Picknick
le pirate	der Pirat
la piscine, aller à la piscine	das Schwimmbad, baden gehen, ins Schwimmbad gehen
plaire	gefallen
Elle te plaît?	Gefällt sie dir?
la plante	die Pflanze
planter (une tente)	(ein Zelt) aufstellen
la pluie	der Regen
la plume	die Feder
la poêle	die Pfanne
le poisson	der Fisch
la pomme	der Apfel
la porte	die Tür
porter	anhaben, tragen
porter, je porte	tragen, ich trage
le potiron	der Kürbis
pour	für
pourquoi	warum
pouvoir, je peux	können, ich kann
prendre un bain	baden, ein Bad nehmen
la préparation	die Vorbereitung
préparer les affaires	die Sachen packen
le problème, avoir un problème	das Problem, Schwierigkeiten haben
prudent, e	vorsichtig
le pull-over	der Pullover
le pyjama	der Pyjama, der Schlafanzug

Q

Qu'est-ce qu'il y a ...	Was ist ...
Qu'est-ce qu'il y a?	Was ist los?
Qu'est-ce qui s'est passé?	Was ist passiert?
quatre	vier
que ...	was
quelque chose	etwas
quinze	fünfzehn

R

le radis, les petits radis	der Rettich, das Radieschen
ranger	aufräumen
rappeler, se rappeler	erinnern, sich erinnern
la rayure	der Streifen
regarder	ansehen
rentrer	nach Hause gehen
le reste	der Rest
rester	bleiben
le retour	die Rückkehr
réveiller (se)	aufwachen
rigoler	lachen
rigolo, rigolote	lustig
rouge	rot
le ruban	das Geschenkband

S

s'il vous plaît	bitte
le sac à dos	der Rucksack
le sac de couchage	der Schlafsack
salut	hallo, tschüs
le sandwich	das Sandwich
la saucisse	das Würstchen
sauter dans ...	hineinspringen
savoir, je sais	wissen, ich weiß
Je me sens mieux.	Ich fühle mich besser.
le seau	der Eimer
le sel	das Salz
semer, je sème	säen, ich säe
sentir, se	sich fühlen,
sept	sieben
le serpent	die Schlange
la serviette	das Handtuch
six	sechs
le ski,	der Ski,
faire du ski	Ski fahren
le soir	der Abend, am Abend
le sol	der Boden
le soleil	die Sonne
sont, ils sont	sind, sie sind
sortir,	ausgehen, herausgehen,
je sors	ich gehe heraus
la souris	die Maus
sous	unter
le stand	der Marktstand
le stylo	der Stift
suis, je suis	bin, ich bin
sur	auf, über
la surprise	die Überraschung

T

la table	der Tisch
le tapis	der Teppich
le tapis de sol	die Isomatte
tard	spät
la tasse	die Tasse, der Becher
la télé,	das Fernsehen,
regarder la télé	Fernsehen schauen
la tente	das Zelt
le terrain	der Platz
le terrain de minigolf	der Minigolfplatz
la tête	der Kopf
le thé	der Tee
la théière	die Teekanne
tirer	ziehen
le tiroir	die Schublade
la tomate	die Tomate
tomber	hinunterfallen, hinfallen
tous	alle
tout d'un coup	plötzlich
tout le monde	alle
travailler	arbeiten
très	sehr
trois	drei
trop	zu viel, zu ...
le trou	das Loch
trouver	finden
tu	du
le tube	die Tube

U

un	eins
un, une	ein, eine
un beau matin	ein sonniger Morgen

V

venir, je viens	kommen, ich komme
le vent	der Wind
vert, verte	grün
violet, violette	lila
la visite	der Besuch
voire, je vois	sehen, ich sehe
voler	fliegen
vouloir,	wünschen, wollen,
je veux	ich will
vrai	wahr
vraiment	wirklich

Y

les yeux	die Augen
Youpi!	Hurra!

CD-Inhalt

1. Einleitung
2. Kapitel 1: On fait du camping! S. 8
3. Vokabeln S. 7–9
4. Text S. 10–11
5. Vokabeln S. 10–11
6. Text S. 12–13
7. Vokabeln S. 12–13
8. Text S. 14–15
9. Vokabeln S. 14–15
10. Kapitel 2: Une visite chez Henri le Hérisson S. 16
11. Vokabeln S. 16–17
12. Text S. 18–19
13. Vokabeln S. 18–19
14. Text S. 20
15. Text S. 21
16. Vokabeln S. 20–21
17. Kapitel 3: Fais attention, Paul! S. 22
18. Vokabeln S. 22–23
19. Text S. 24–25
20. Vokabeln S. 24–25
21. Text S. 26–27
22. Vokabeln S. 26–27
23. Kapitel 4: Préparations de Pâques S. 28
24. Vokabeln S. 28–32
25. Text S. 30–33
26. Questions et Réponses S. 34

27–48. Vokabeln von A bis Z S. 40–44

Gesamtspielzeit: ca. 70 Minuten

Die Mitwirkenden

Sprecher:
Wolfgang Häntsch (Deutsche Moderation)
Anne Poncet Staab (Französische Moderation)
Anna Livia Hentschel · Ellen Günther · Franziska Lotz
Félix Denis Francois Mueller · Loïc Großmann

Musiker:
Stephan Hoppe (Akkordeon, Saxophon) · Matthias Philipzen (Schlagzeug, Percussion)
Thomas Lotz (Gitarren, Keyboards) · Tontechnik und Schnitt: Jasper Diederich
Musik, Regie, Gesamtproduktion: Thomas Lotz

la pluie
le parapluie
les feuilles
l'anorak
l'herbe

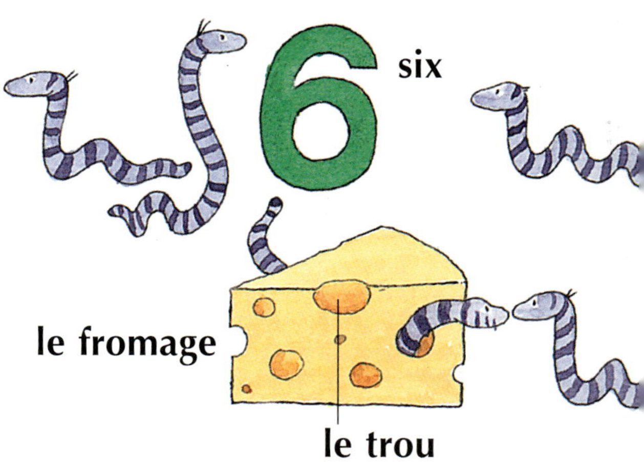
6
six
le fromage
le trou

7
sept
le citron

le nez
la main
le bras
le pantalon
la fille

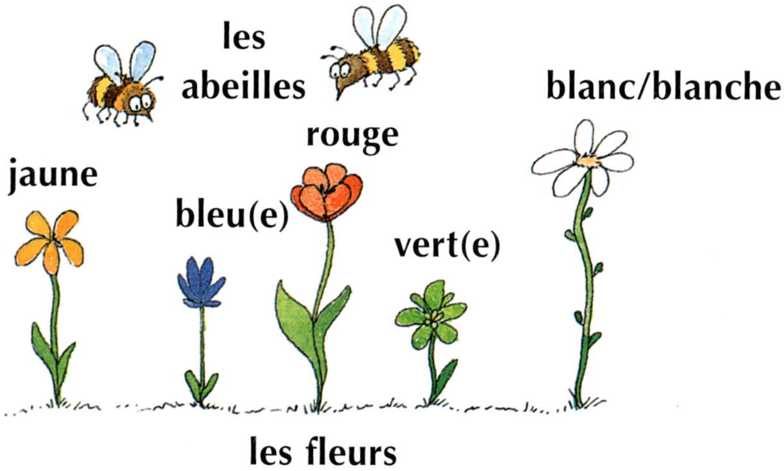
les abeilles
blanc/blanche
rouge
jaune
bleu(e)
vert(e)
les fleurs

le buisson
l'arbre
la maison

8
huit

les lunettes de soleil